Paso A Paso

Aprende A Dibujar

Para Niños

Libro 1

1ra edición, 2018
© Erich van Dam

Diseñado para que los niños mejoren en sus habilidades de dibujo.

Este libro de dibujo pertenece a:

_____

_____

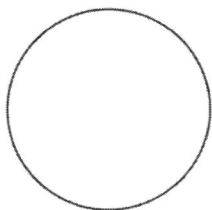

①

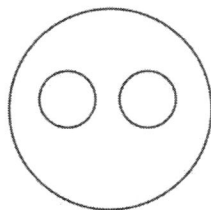

②

③

④

⑤

⑥

⑦

⑧

⑨

Aquí puedes practicar...

①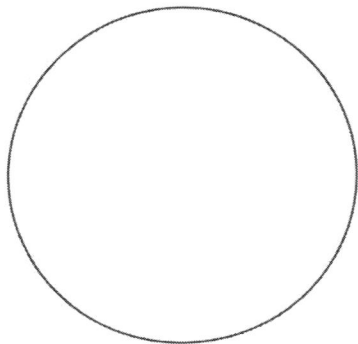

②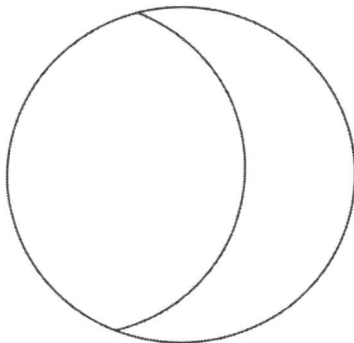

③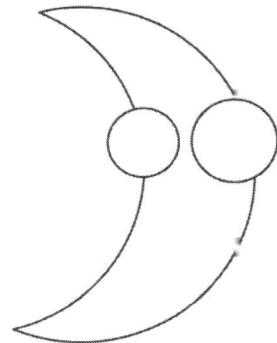

④

⑤

⑥

Aquí puedes practicar...

Aquí puedes practicar...

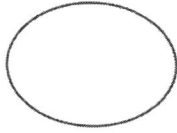

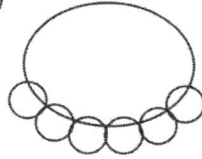

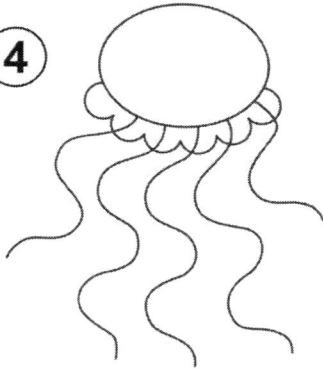

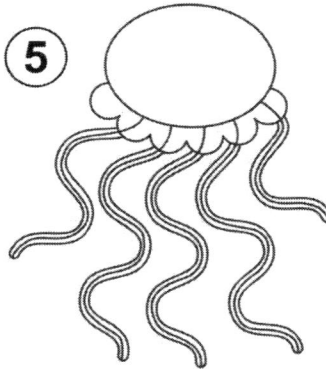

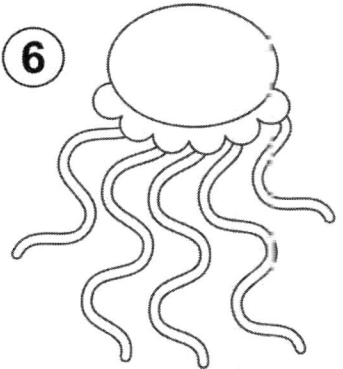

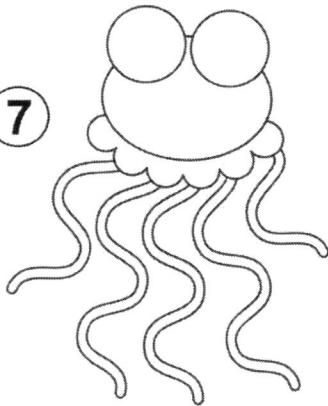

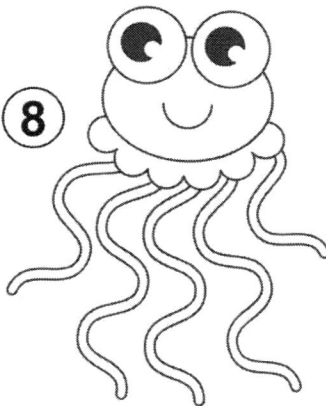

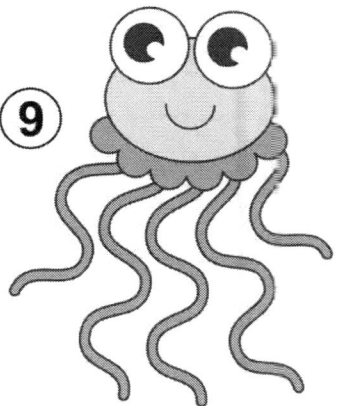

Aquí puedes practicar...

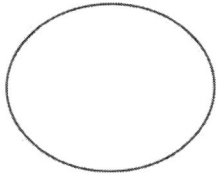

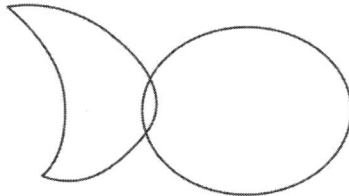

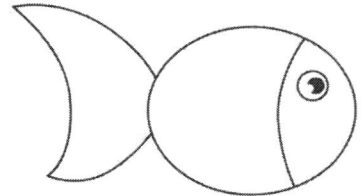

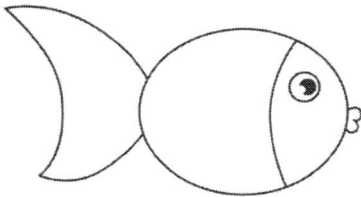

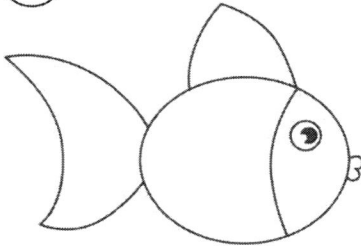

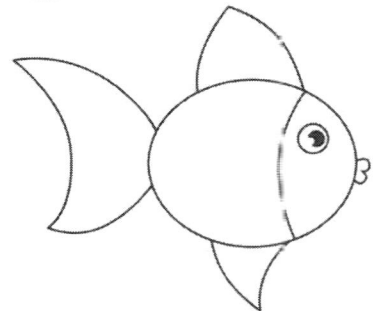

Aquí puedes practicar...

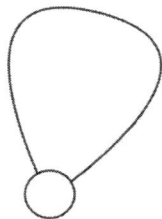

Aquí puedes practicar...

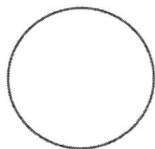 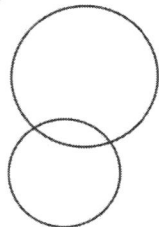 

Aquí puedes practicar…

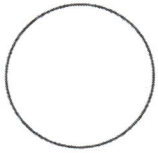

1

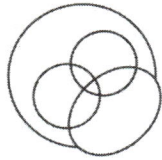

2

3

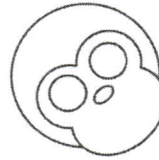

4

5

6

7

8

9

10

11

12

Aquí puedes practicar...

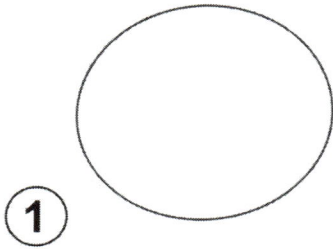
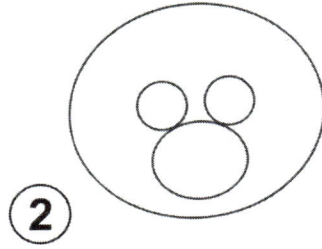
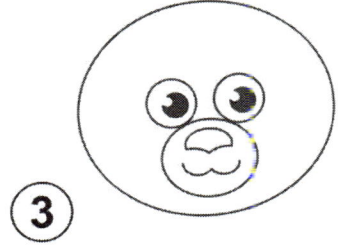

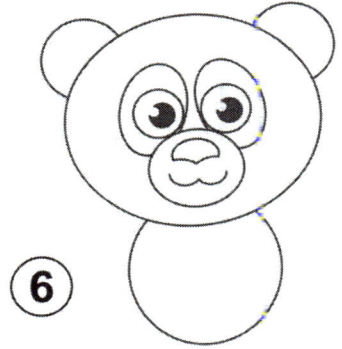

Aquí puedes practicar...

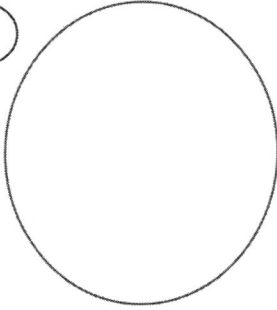

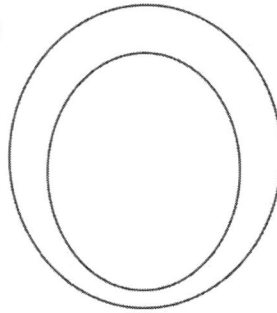

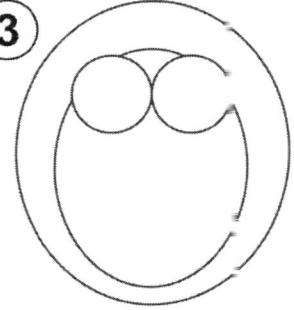

Aquí puedes practicar...

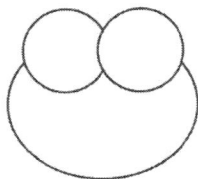

Aquí puedes practicar...

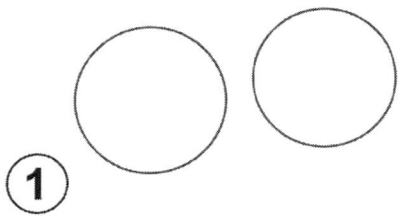

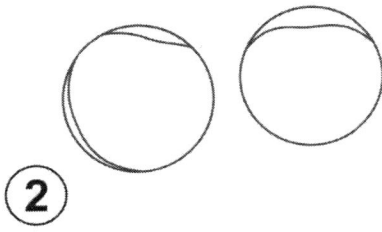

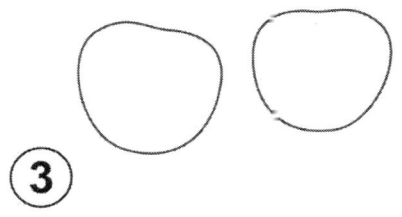

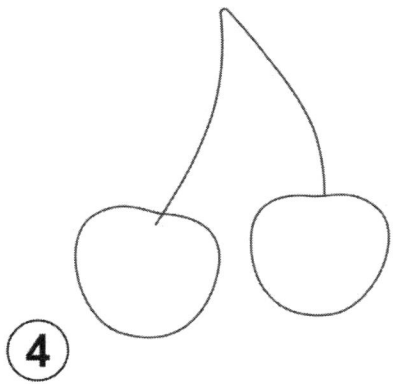

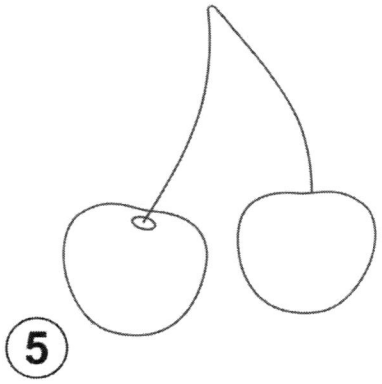

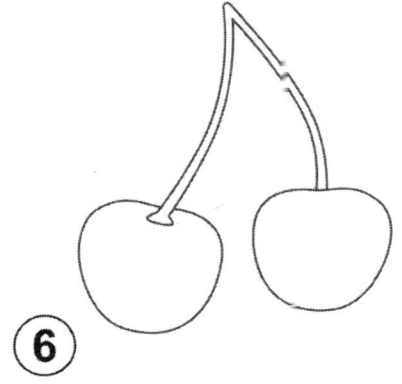

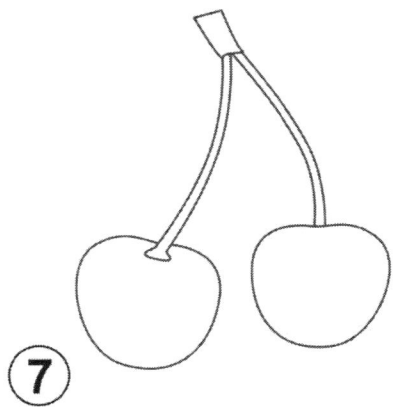

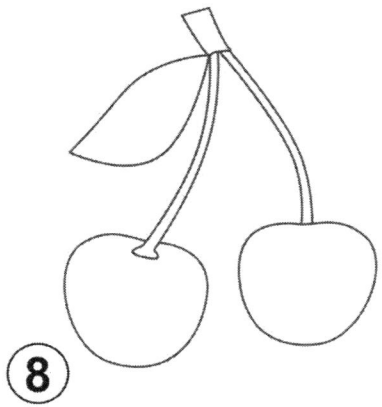

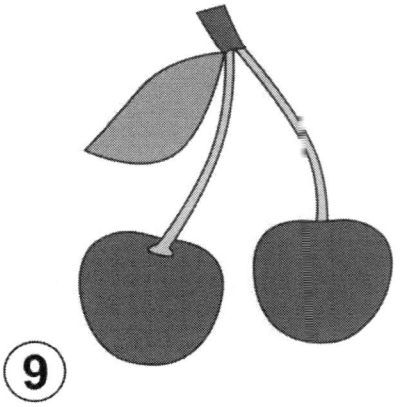

Aquí puedes practicar...

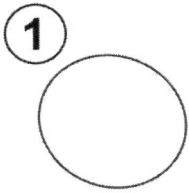

Aquí puedes practicar...

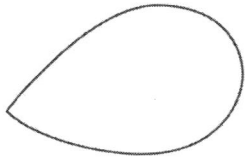

Aquí puedes practicar...

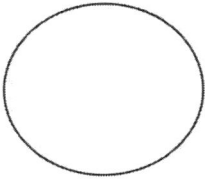

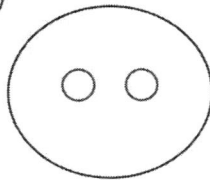

Aqui puedes practicar...

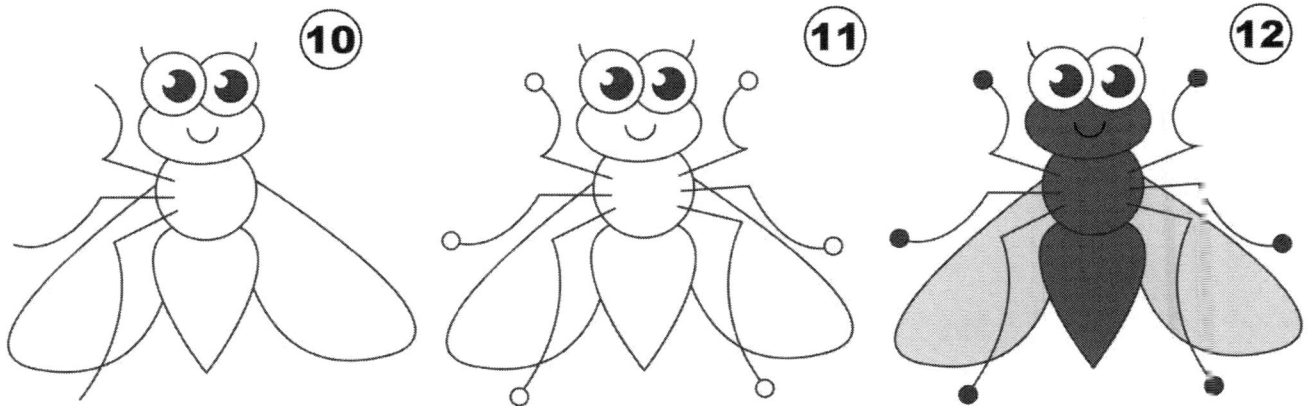

Aquí puedes practicar...

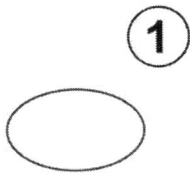

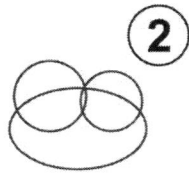

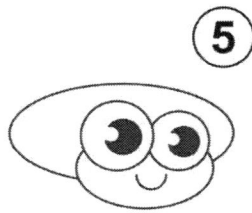

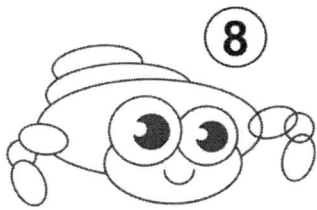

Aquí puedes practicar...

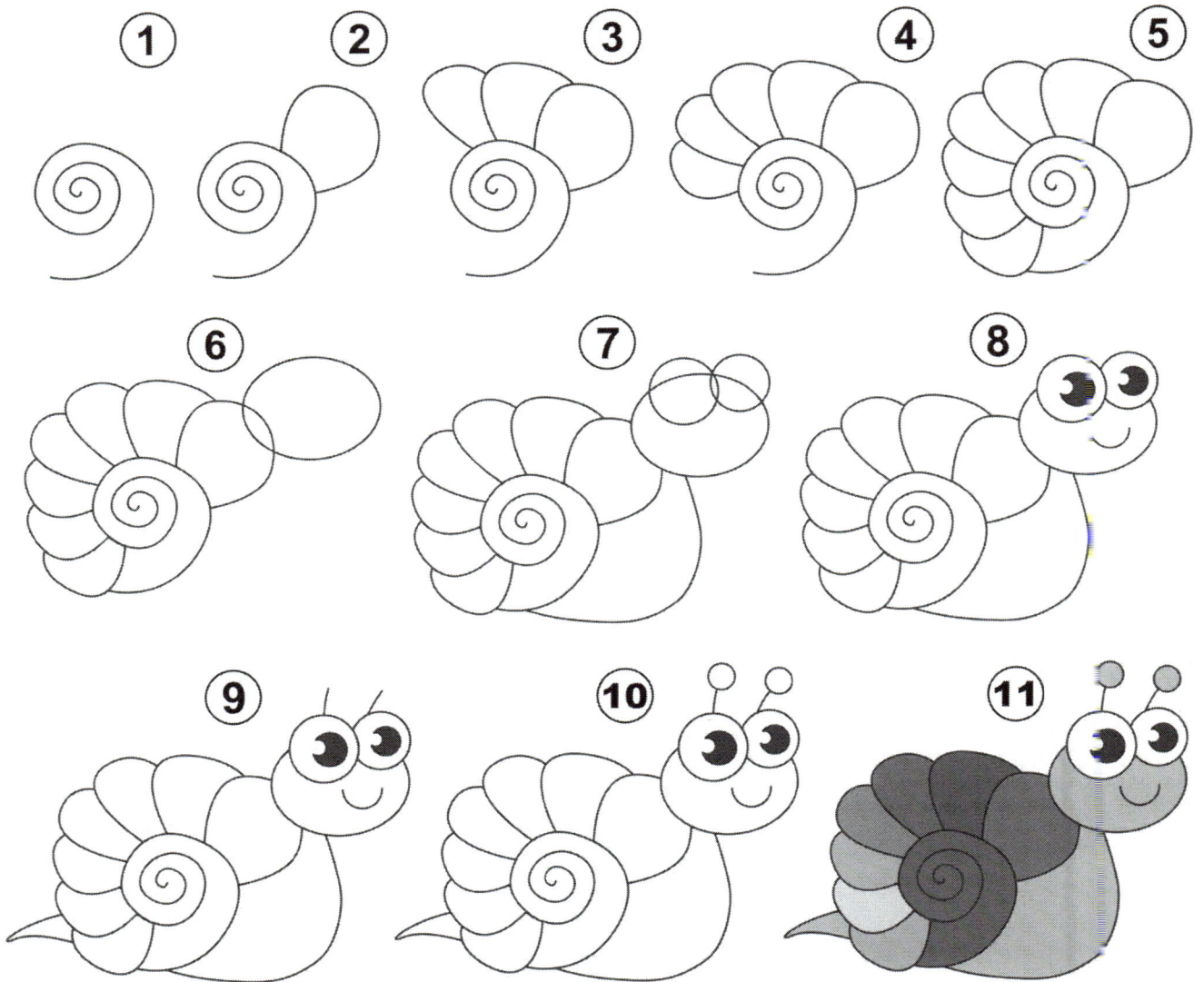

Aqui puedes practicar...

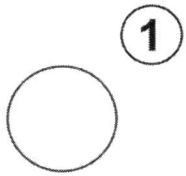

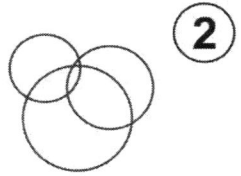

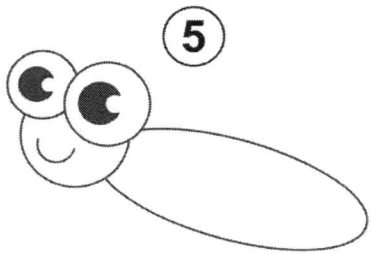

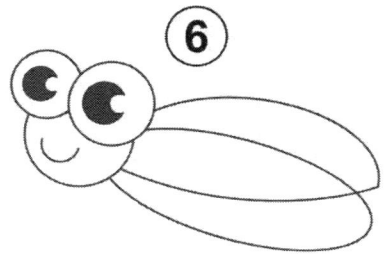

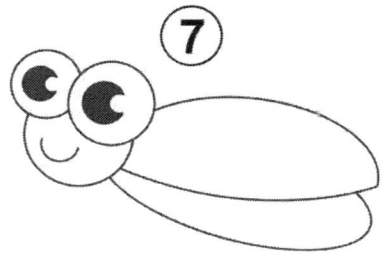

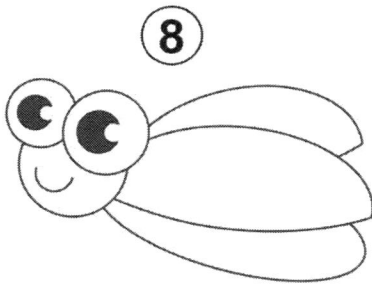

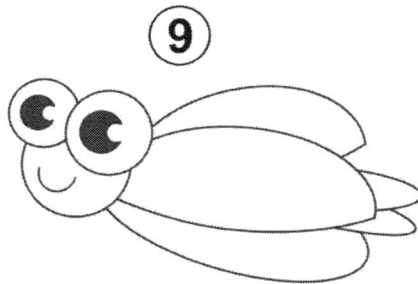

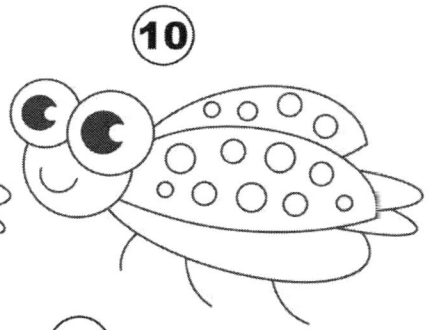

Aqui puedes practicar...

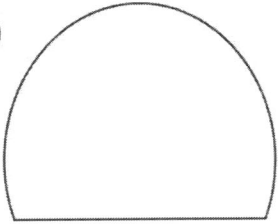

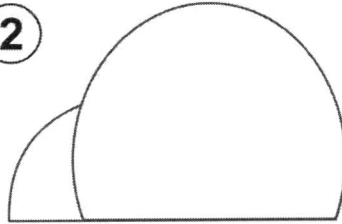

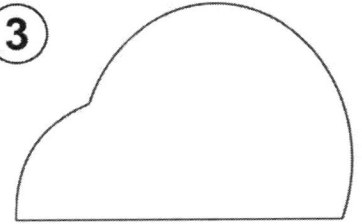

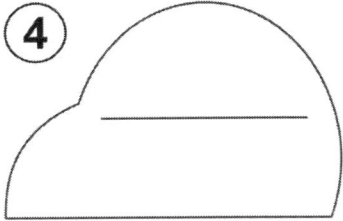

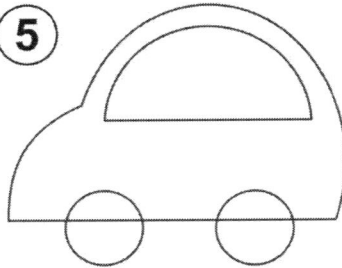

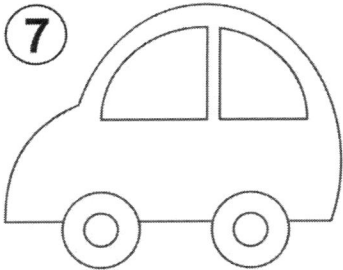

Aquí puedes practicar...

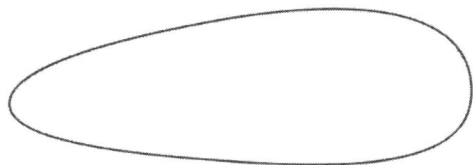

1

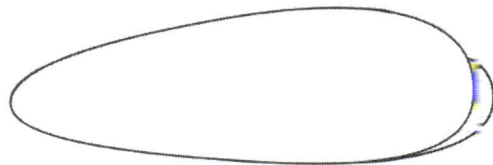

2

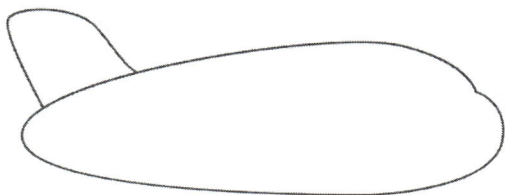

3

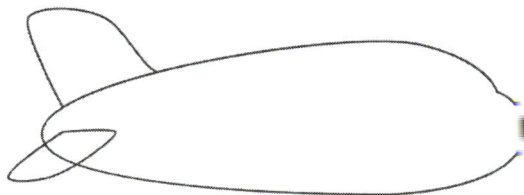

4

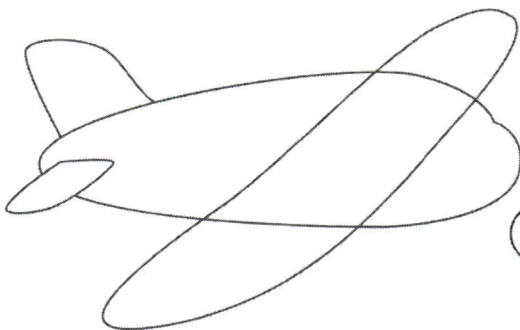

5

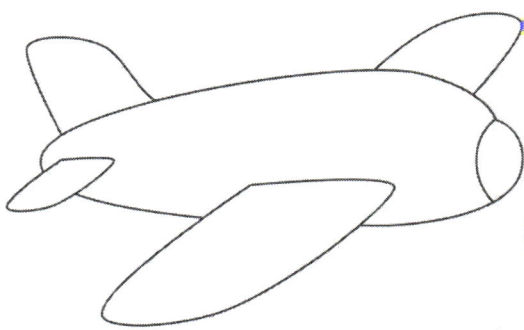

6

7

8

Aquí puedes practicar...

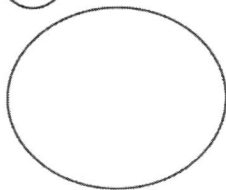

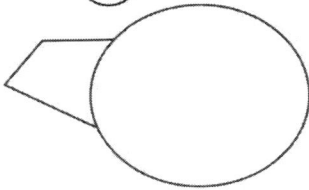

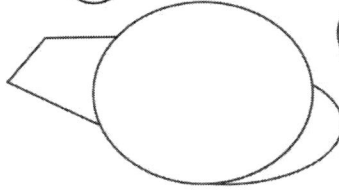

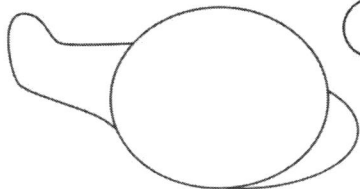

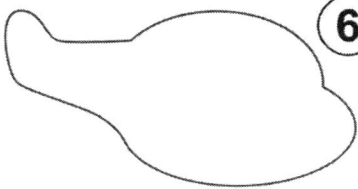

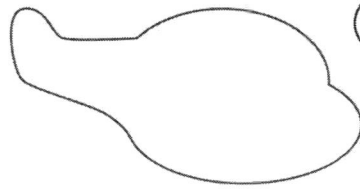

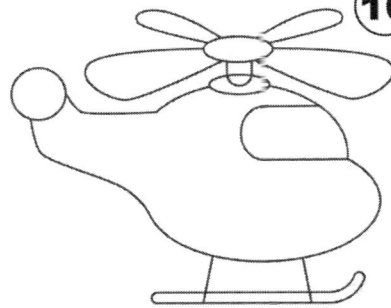

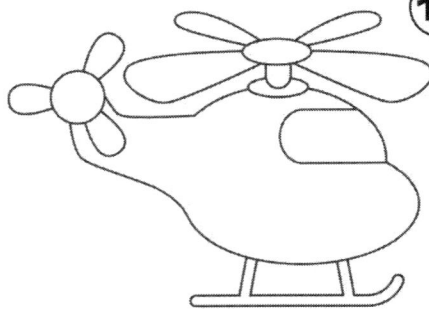

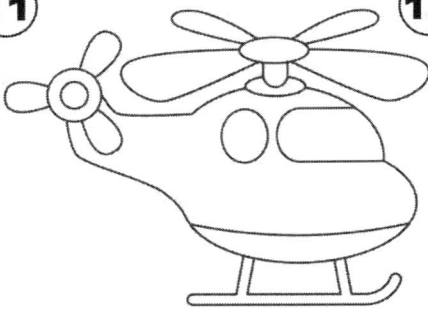

Aquí puedes practicar...

Aquí puedes practicar...

Aqui puedes practicar...

Impressum

Diseñada por © Erich van Dam
Todos los derechos reservados.

Imágenes:

Contacto:

Alexander Polupanow

Heinrich-Steul-Str. 21

34123 Kassel

Germany

Alex.polupanow@gmail.com